Alceste

Christoph Martin Wieland

Urheberrecht © 2022 Culturea
Verlag: Culturea (34, Herault)
Druck: BOD - In de Tarpen 42, Norderstedt (Deutschland)
ISBN: 9782385089856
Erscheinungsdatum: September 2022
Layout und Layout: https://reedsy.com/
Dieses Werk wurde mit der Schrift Bauer Bodoni komponiert
Alle Rechte für alle Länder vorbehalten.

Ein Singspiel in fünf Aufzügen

Personen.

Alceste.

Parthenia.

Admet.

Herkules.

Chor.

Erster Aufzug

Das Zimmer der Alceste.

ALCESTE *allein.*

Er ist gekommen
Der Bote, der die Antwort mir des Gottes
Von Delphi bringt. Ich wagt' es nicht
Ihn anzuhören, ach! – ich wagt' es nicht
Die Augen zu ihm aufzuheben.
An seinen Lippen hängt
Dein Schicksal, mein Admet, – das Schicksal deiner Gattin!
O! gute Götter, habt ihr jemals
Der frommen Liebe Flehn euch rühren lassen,
So hört mich, Götter! rettet, rettet ihn;
Wo nicht, so lasset mich mit ihm erblassen!

Zwischen Angst und zwischen Hoffen
Schwankt mein Leben, wie im Rachen
Der empörten Fluth ein Nachen
Aengstlich zwischen Klippen treibt.

Der Donner rollt, die Winde brausen,
Die aufgewuhlten Wogen kochen;
Rings um mich her ist Nacht und Grausen!
Dies Herz, ein Herz das nichts verbrochen,
Ist alles was mir übrig bleibt!

Zwischen Angst und zwischen Hoffen
Schwankt mein Leben, wie im Rachen
Der empörten Fluth ein Nachen
Aengstlich zwischen Klippen treibt.

Alceste. Parthenia.

ALCESTE.

>   Parthenia! – wag ichs – Ah!
>   Wie blaß ist ihre Wange!
>   Sie bebt! – o Schwester, laß mich nicht
>   In dieser Ungewißheit! Hat der Gott
>   Mein Urtheil ausgesprochen? Rede, rede!
>   Bringst du mir Leben oder Tod?

PARTHENIA *mit weggewandtem Gesicht und erstickter Stimme.*

>   Ach Schwester!

ALCESTE.

>   Was sagst du? Muß er sterben?

PARTHENIA.

>   Unerbittlich,
>   Ach! unerbittlich sind die furchtbarn Töchter
>   Des Erebus! Schon strecket Atropos
>   Die schwarze Hand – Bald wird der Faden feines Lebens
>   Durchschnitten seyn –

ALCESTE *indem sie kraftlos auf einen Lehnstuhl sinkt.*

>   Ihr Götter!

PARTHENIA.

>   Fasse dich, Geliebte!
>   Noch läßt Apoll
>   Uns einen Stral von Hoffnung schimmern,
>   Noch lebt er, dein Admet, und soll
>   Bis an das fernste Ziel der Menschheit leben,
>   Wenn jemand sich entschließt
>   Für ihn sich hinzugeben.

ALCESTE.

>   Parthenia, sprichst du wahr?

PARTHENIA.

    Apollo sprichts aus meinem Munde.

ALCESTE.

    Und zweifelst du, ob jemand ist
    Der sich enschließe für Admet zu sterben?

PARTHENIA.

    O Schwester, welch ein Mittel ihn zu retten!
    Wer wird die Liebe, wer die Großmuth bis
    Zu diesem Grad der Höhe treiben?
    Sein Vater selbst, der abgelebte Greis,
    Der lebendtod ein freudeleeres Daseyn
    Vielleicht noch wenig Tage schleppen wird,
    Sein Vater selbst
    Kann zu der edeln That sich nicht entschliessen.
    Wir flehten ihm, wir faßten seine Knie;
    Wie baten wir! Umsonst! Gefühllos, taub,
    Taub wie ein Marmor blieb er unserm Flehen.

ALCESTE.

    Das Alter hat in seiner kalten Brust
    Die Quelle der Empfindung aufgetrocknet.
    Doch, klage nicht, Parthenia! – Mein Admet
    Wird leben! lebt in diesem Augenblicke
    Schon wieder auf! – Es ist gefunden
    Das Opfer, das für ihn der Parzen Zorn versöhnt.

PARTHENIA.

    Was sagst du, Schwester? O erschrecke nicht
    Mein ahnend Herz durch diese grauenvolle
    Gelassenheit! – Ich zittre – Ach! Alceste,
    Welch ein Entschluß –

ALCESTE.

Er ist gefaßt!

Ihr Götter der Hölle,
Ihr furchtbaren Schatten,
O! schonet den Gatten!
Hier bin ich, und stelle
Zum Opfer mich dar.

Euch weyh ich mein Leben! –
Sie habens vernommen!
Sie kommen, sie kommen!
Ich höre das Schweben
Der schwarzen Gefieder.
Sie steigen hernieder!
Sie holen das Opfer
Zum Todesaltar!

Ihr Götter der Hölle,
Ihr furchtbaren Schatten!
O! schonet den Gatten!
Hier bin ich und stelle
Zum Opfer mich dar!

PARTHENIA.

O! Götter, höret nicht
Was in der Angst der zärtlichen Verzweiflung
Ein Liebekrankes Herz euch angelobt! –
Komm, liebste Schwester, komm in meine Arme!
Komm zu dir selbst zurück! – Besinne dich,
Alceste! – Sieh mich an, die dich so zärtlich
Von unsrer Kindheit an geliebt, mich die du wieder
So zärtlich liebtest, – kannst du den Gedanken,
Mich zu verlassen, nur erträglich finden?
Verlassen willst du Freunde, Vaterland
Und Kinder, alles was den Sterblichen
Das Theurste ist, verlassen? – dieses goldne Licht
Der Sonne mit der ewgen Nacht
Des Tartarus vertauschen? – Jeder Freude

Des Lebens, jedem schönen Blick
In wonnevolle Tage die dir winken
Entsagen? – Schrecklich! Nein, du sollst es nicht!
O ruf's zurück, Unsinnige, das rasche
Entsetzliche Gelübd –

ALCESTE.

Es ist unwiderruflich!
Vergebens marterst du mein leidend Herz:
Laß ab, Parthenia! Nur zu sehr empfind' ich
Der Trennung Quaal. – O! meine Kinder! –
O mein Gemahl! – O! meine Schwester! – Bald,
Bald werden diese halberloschnen Augen
Nicht mehr voll Liebe sich
An eurem Anblick weiden!
Die Parze ruht! Wir müssen – Ach!
Wir müssen scheiden!

PARTHENIA.

Uns scheiden? O! verhütet es
Gerechte Götter! Nein, Alceste, Nein!
Noch ist es Zeit. Die Götter haben Mitleid
Mit unsrer Schwachheit; hören nicht
Gelübde, von Verzweiflung
Der Liebe ausgepreßt. – Es ist –

ALCESTE.

Es ist geschehn! Sie haben mich erhört,
Der Tod erwartet gierig seine Beute.
Schon fühl' ich seine Hand – Wie kalt sie ist!
Ein banges Schaudern läuft durch meine Adern.
Parthenia, lege deine Hand auf diesen Arm
Und fühle –

PARTHENIA.

Götter!

ALCESTE.

Ja, ich sterbe,
Und mich gereuet mein Gelübde nicht.
Du lebst, Admet! – Wie leicht, wie süß ists der
Die nur für dich gelebt, für dich zu sterben!

PARTHENIA.

Nein, Nein! Bey allen Mächten des Olympus!
Du sollst nicht sterben, wenn im ganzen Umfang
Der allbelebenden Natur
Ein Mittel übrig ist. – Ich eile! – Gute Götter,
O helft, o rettet sie!

ALCESTE *allein.*

Wohin, wohin, Parthenia? Höre mich! –
Sie ist entflohn! – Unglückliche,
Dein Eifer ist umsonst!
Kein Mittel, keine Wunderkraft der Kunst,
Kann einen Tag zu meinem Leben setzen.
Ich bin den Todesgöttern heilig,
Ich sterbe! – Dieses bange, langsam durch
Mein Innerstes hinkriechende
Noch nie gefühlte Schaudern,
Es ist der Tod! –

Sie sinkt in einen Lehnstuhl.

Parthenia! – Admet! – Wo seyd ihr?
O du, mein zweytes beßres Ich,
Wo bist du? Kannst du, kannst du mich
In diesem letzten Kampf verlassen?
Ich sterb', ein Opfer meiner Pflicht,
Du lebst, Admet, und eilest nicht
Alcestens Seele aufzufassen?

Ende des ersten Aufzugs.

Zweyter Aufzug

Ein auf Säulen ruhender Vorsaal.

ADMET *allein.*

    Wo ist Sie, daß ich diese Freude
In ihren Busen schütte? Diese Wonne
Mit ihr empfinde? Dieses neue Leben
In ihren Armen doppelt wieder fühle?
Allmächt'ge Götter! welch ein Wunder rief
So plötzlich mich vom schwarzen Ufer
Des Styx zurück?

    Wem dank ich dis Leben, wem dank ich die Wonne
Zum zweytenmale gebohren zu seyn?
Mit welcher Wollust saugt, o alleserquickende Sonne,
Mein Auge deine Stralen ein!
Wohlthätige Götter! Euch dank ich die Wonne
Zum zweytenmale gebohren zu seyn!

Admet. Parthenia.

PARTHENIA.

    Unglücklicher! du überlässest dich
Der Freude? – Wüßtest du –

ADMET.

    Parthenia!

PARTHENIA.

    Gott! wo werd' ich Worte finden
Das schreckliche Geheimniß –

ADMET.

Welch ein Geheimniß? Schwester, deine Worte
Sind schreckend! Schreckender dein Blick!
O rede, rede!

PARTHENIA.

Beweinenswürdiger! – Alceste, deine Gattinn –
– Ich kann nicht reden – Sieh!

*Das Zimmer der Alceste öffnet sich.
Alceste in einem Lehnstuhl schlummernd. Eine Kammerfrau kniet neben ihr;
zwo andere stehen seitwärts, aufmerksam auf den Augenblick ihres Erwachens
lauschend. Die Vorigen.*

ADMET.

Alceste? – Götter! welch ein tödtender Gedanke
Trift wie ein Donnerkeil in meine Seele!
Alceste –

PARTHENIA.

Stirbt – Du lebst – Nun weißt du Alles!

ADMET.

Weh mir! Sie stirbt? Sie stirbt, damit ich lebe?
O Lieb! o Tugend! – Du, für deren Werth
Die Sprache keinen Nahmen hat, Getreuste, Beste,
Geliebteste der Weiber! Höre, höre mich!
O! hebe deine Augen, siehe mich
Zu deinen Füssen –

ALCESTE *erwacht. Sie betrachtet ihn etliche Augenblicke mit liebevollen
Blicken, als ob sie sich seines Daseyns versichern wolle, dann reicht sie ihm die
Hand.*
O! mein Admet, du lebst? Dank sey den Göttern!
Du lebst!

ADMET.

    Für dich, für dich allein, Alceste!
    Was könnte dieß Geschenk der Götter ohne dich
    Mir helfen?

PARTHENIA.

    Ach! Admet, zu theuer
    Zu theuer mußt du es erkaufen!

ALCESTE.

    Zu theuer, sagst du? – O Parthenia,
    Du kennest nicht was eine liebende
    Getreue Gattin fähig ist.
    Hätt' ich für sein schönes Leben
    Tausend Leben hinzugeben,
    O! mit Freuden gäb' ich sie.

ADMET.

    Große Götter! welche Liebe!

PARTHENIA.

    Welch ein Beyspiel reiner Triebe!

BEYDE.

    Nein! Die Erde sah es nie!

ALCESTE.

    Ohne dich, wie könnt' ich leben?
    O Geliebter, sage, wie?

ADMET, PARTHENIA.

Bestes Weib! dein eignes Leben
Für den Gatten hinzugeben!

ALCESTE.

Hätt' ich tausend hinzugeben,
O mit Freuden gäb' ich sie!

ADMET.

Zu lang, Alceste, ließ ich dich
In einem Irthum, den mein Herz verabscheut.
Du, die ich mehr als diese Augen, mehr
Als meine Seele liebe, solltest sterben?
Für mich? Für mich? – Und dein Admet, der nur
Um deinetwillen noch zu athmen wünschte,
Er sollt' um diesen Preis sein Leben kanfen?
O glaub es nicht, Alceste! Halte nicht
Den Mann, der deiner Liebe würdig war,
Der schmählichen verhaßten Feigheit fähig!

ALCESTE.

Admet, ich kenne deine ganze Liebe.
Hier fühl' ich sie; Mein eignes Herz ist mir
Für deines Bürge – Bester Mann, ich kenne
Die Güte deiner Seele. Groß und edelmüthig
Ist sie, – und dieß entscheidet unsern Streit.
Wie? Solltest du dich weigern können
Der, die du liebst, die Quaal, dich zu verliehren,
Die schrecklichste der Quaalen, abzunehmen?
Du bist ein Mann; ich nur ein schwaches
Muthloses Weib! – O sage nicht, Admet,
Du liebest mich, wenn du nur denken
Nur zweifeln kannst, daß ich
Dich überleben sollte.

ADMET.

Ihr hört sie, Götter! – Und ihr könntet sie
Mir rauben? Könntet soviel Tugend
Der Welt entziehen? Dieses holde, schöne
Liebathmende Geschöpf in seiner Blühte
Dem Orkus opfern? – Nein,
Ihr seyd nicht Götter, oder
Ihr könnt es nicht!

ALCESTE.

O! mäßige dich, Admet!
Erzürne nicht die Mächte, die uns trennen!
Vielleicht daß die Geduld, womit wir ihrem Willen
Uns unterwerfen, ihre Strenge mildert.
Vielleicht erweicht sie – Doch, was hälf' es uns
Mit eitler Hoffnung unsern Schmerz zu täuschen?
Apollo hat gesprochen! – Mein Gemahl,
Geliebter, bester Mann! wie könnt ich schöner
Mein Leben als für dich verliehren?
Verliehren? Nein! wenn Du lebst, ist es nicht
Verlohren! Leb ich nicht in dir?

ADMET.

Was kann ich sagen? Gott! was kann ich ihr
Erwiedern? – Schau' in meine Seele,
Geliebtes Weib! – Alceste, höre mich!
Um aller Götter willen, höre mich!
Du hoffst durch deinen Tod mein Leben zu erkaufen?
Vergebens hoffst du! – Deine Wohlthat ist
An mir verlohren. Fordre nichts
Unmögliches. Ich kann nicht, kann nicht
Dich überleben! Unsre Seelen hat
Die Liebe unauflöslich in einander
Verwebt, und ewig, ewig unzertrennbar
Vereinigt, sollen sie ins Land der Schatten gehen!

ALCESTE.

Er hört mich nicht – Parthenia, geh, und hole

Mir seine Kinder her.

Parthenia gehorcht.

ADMET.

    Alceste, sey gerecht! Du, die so zärtlich liebt,
    So edel denkt, o sey gerecht, Alceste!
    Kannst du von mir verlangen, was
    In meinen eignen, was in Aller Augen mich
    Entehren müßte? – Nein, beym Himmel, Nein,
    Ich will die Schmach nicht dulden,
    Daß jeder, dem ein Herz im Busen schlägt,
    Mit Fingern auf mich weise, sage:
    Hier geht er, hier,
    Der Feige, der sein Leben mehr
    Als seine Ehre liebt; der fähig war
    Mit seiner Gattinn sich vom Tode loszukaufen!

ALCESTE.

    Und kann Admet vergessen, daß sein Leben
    Nicht ihm, nicht seiner Gattinn zugehört?
    Hast du kein Volk, das dich anbetet? Hast
    Du seine Thränen, seine Opfer, seine
    Gelübde für dein Leben schon vergessen?
    Vergessen, wie es schaarenweis mit bleichen
    Gesichtern, mit empor um Hülfe
    Gerungnen Armen deinen Vorhof füllte?
    O! laß nicht, mit dem Gram dich ihrer Liebe
    Unwerth zu sehn, Alcestens Geist beschämt
    Vor deinen Vätern sich verbergen müssen!

ADMET.

    Grausame! Höre auf mein Herz zu foltern!
    Ich kann in dieser schrecklichsten der Stunden
    Nicht denken, nichts als dich! Du, du,
    Alceste,
    Bist mir die ganze Welt! Verliehr ich dich,

So ist für mich kein Volk, kein Vaterland,
Kein Leben mehr –

Parthenia mit den Kindern, die Vorigen.

ALCESTE.

Auch keine Kinder,
Admet?
Kommt, Kinder, laßt zum letztenmal
An diese Brust euch drücken. – Süsse, rützrende
Geschöpfe! – Bald, o meine Kinder,

Sie umarmt sie.

Bald habt ihr keine Mutter mehr!
Admet, o sieh sie an,
Und wenn du jeden andern Nahmen, der dir heilig
Seyn soll, vergessen hast,
Kannst du vergessen, daß du Vater bist?

ADMET.

Unwiderstehlichs Weib! Wer kann dich hören,
Dich sehn, dich sterben sehn
Und überleben wollen? – O! dir gab
Ein Gott es ein
Die Pfänder unsrer Liebe mir zu Hülfe
Zu rufen! – Siehe du sie an, Alceste!
Erbarm dich ihrer Unschuld, ihres zarten
Hülflosen Alters! Sieh
Wie sie bestürzt mit liebevoller Angst
Die kleinen Arme dir entgegenstrecken!

ALCESTE.

Geliebter! schone deiner sterbenden
Zu schwachen Gattinn! Kürze nicht durch deine
Grausame Zärtlichkeit die Augenblicke
Die uns die Parze schenkt!

ADMET.

    O! meine Kinder,
    Ihr fühlet nicht was ihr verliehrt –

ALCESTE.

    Ich fühl's für sie.

ADMET.

    Und änderst nicht den schrecklichen Entschluß?

ALCESTE.

    Wie kann ich? – Ach, Admet, die Todesgötter
    Sind unerbittlich. Eines von uns beyden
    Muß fallen! – O! um unsrer Liebe,
    Um dieser armen
    Unmündigen, um deiner Gattinn willen,
    Laß mich, laß mich allein das Opfer seyn!

ADMET *von Thränen erstickt.*

    Es ist zuviel!

ALCESTE.

    Weine nicht, du meines Herzens
    Abgott! Gönne mir im Scheiden
    Noch die süßeste der Freuden,
    Daß mein Tod dein Leben ist.

    Ach! die Größe deines Schmerzens
    Ist das Maas von meinem Leiden.
    Mein Gemahl! O meine Kinder!
    Glaubet nicht, ich fühle minder,

Weil mein Herz bey euerm Leiden
Seiner eignen Roth vergißt!

Weine nicht, du meines Herzens
Abgott! Gönne mir im Scheiden
Noch die süßeste der Freuden,
Daß mein Tod dein Leben ist.

Alceste, durch diese letzte Anstrengung ihrer Kräfte erschöpft, fällt in eine Ohnmacht, aus welcher sie durch die Zückungen des Todes wieder erweckt wird. Die Kammerfrauen drücken ihren Jammer durch Gebehrden aus, und zeigen sich geschäfftig ihr beyzustehen. Admet liegt trostlos zu ihren Füßen; er streckt mit flehenden Gebehrden die Arme gen Himmel, bemüht sich Worte herauszubringen, aber vergebens. Parthenia führt die weinenden Kinder hinweg. Da sie zurückkömmt, findet sie ihre Schwester mit dem Tode ringend.

PARTHENIA.

    Sie stirbt, o Gott, sie stirbt –

ADMET.

    O! ist denn kein Erbarmen
    Im Himmel mehr! –

ALCESTE.

    O Sonnenlicht, o mütterliches Land,
    O Schwester, o Gemahl! – Zum letztenmal
    Sieht euch Alceste – Drücke deinen Mund
    An meinen Mund, Admet – ich sterbe – lebet wohl,
    Geliebte – lebet –

Admet sinkt von Schmerzen betäubt zu Boden. Einige Bedienten bringen ihn hinweg. Die Kammerfrauen breiten einen weißen Schleyer über das Gesicht der erblaßten Königinn.

PARTHENIA.

    O! dieser Schmerz zerreißt die Dämme der Geduld!

Sie stirbt, Ihr Götter!
Sie bringt den Schatten
Sich selbst zum Opfer
Von ihrer Pflicht!

Grausame Götter!
Ihr könnt es sehen?
Und unsre Thränen,
Die Angst des Gatten,
Sein heißes Flehen,
Sein banges Stöhnen,
Es rührt euch nicht?

Da ist kein Retter!
Sie stirbt! Alceste!
Die treuste, beste!
Und o! ihr Götter,
Ihr rettet nicht!

Ende des zweyten Aufzugs.

Dritter Aufzug

Ein mit Lorbeerbäumen besetzter Vorhof, und in einiger Entfernung ein Theil des königlichen Palasts auf dorischen Säulen ruhend.

HERKULES *allein.*

    Die Sonne neigt sich. Müd' und ruhbedürftig
    Vetret ich deinen wohl bekannten Vorhof,
    Gastfreyes Haus!
    Gesegnet sey mir, holder Sitz der Unschuld,
    Der Zärtlichkeit, des stillen Glücks!
    Sey mir gesegnet, frohes Thal,
    Wo einst der Gott des Lichts
    In Schäfertracht Admetens Heerden führte,
    Und seines Götterstands entsetzt
    Die angenomme Menschheit zierte!
    Beglücktes Land, – o! möcht' Alkmenens Sohn,
    Wenn er, von Ruhm und Siegen müde,
    Einst auszuruhn verdient, des Lebens Rest
    In deinen Schatten sanft verfließen sehen!

    O du, für die ich weicher Ruh
    Und Amors süssem Scherz entsage,
    Du, deren Namen ich an meiner Stirne trage,

    Für die ich alles thu,
    Für die ich alles wage,
    O Tugend! Einen Wunsch, nur Einen Wunsch gewähre

    Dem der sich dir ergab! Wenn einst die Bahn der Ehre
    Durchlaufen ist, wenn er sich sehnt nach Ruh,
    So schließe hier am Abend seiner Tage
    Die Freundschaft ihm die Augen zu.

    Doch, was bedeutet diese tiefe
    Unzeit'ge Stille? Keine Lieder hallen
    Den Säulengang herauf?

Verlassen, öde, wie die Trümmern einer
Zerstörten Stadt, ist dein Palast, Admet?
Verlassen von den Göttern
Der Freude, deren Sitz er war!
Was für ein Unfall – Wie? Mir däucht ich hörte
Ein Klaggeschrey aus jener Halle tönen.

Ein Bedienter kommt aus dem Hause hervor, und eilt, da er den Herkules erblickt, mit einer Gebehrde der Bestürzung zurücke.

O sage, Freund, – Er flieht mich! – Trübsinn hängt
Um seine Stirne! – Ganz gewiß, ein Unglück traf
Admetens Haus! – O wende, Vater Zevs,
Die Vorbedeutung ab! – Doch, was es fey,
Ich muß es wissen! Rastlos treibt mich zwar
Der unversöhnbarn Juno Groll
Ein Abentheuer nach dem andern auszuführen:
Allein hier ruft die Freundschaft mir! Ihr Ruf
Geht allem andern vor –

Parthenia. Herkules.

PARTHENIA.

Alkmenens Sohn? – Willkommen, o Befreyer
Von Gräcien, willkommen, Herkules,
Dem Haus Admets!

HERKULES.

Wo ist er, wo? Was hält
Von seines Freundes Armen ihn zurück?

PARTHENIA.

Du weißt es nicht?

HERKULES.

Kaum bin ich angekommen.

Noch sah ich niemand; Nur ein Klageton
Schien aus dem innern Hause mir entgegen
Zu dringen – Reisse mich aus diesem Zweifel!
Er lebt doch wohl?

PARTHENIA.

Er lebt.

HERKULES.

Er lebt – und trüber Gram umwölkt dein Auge,
Princessin? Traurig sagst du mir, er lebt?
PARTHENIA.

Vor wenig Stunden schwebte noch sein Geist
Im Thor des Tartarus.

HERKULES.

Was sagst du?

PARTHENIA.

Durch ein Wunder ist
Er wieder uns geschenkt.

HERKULES.

Dank hab' Apollo! Ohne Zweifel war's
Sein Werk – Und deine schöne Schwester,
Alceste –

PARTHENIA.

Welchen Nahmen nanntest du.
Unglücklicher!

HERKULES.

Du schreckst mich! Wie? Alceste –

PARTHENIA.

– Hat gelebt.

HERKULES.

Beklagenswerther Freund! Was thatest du
Den Göttern? Welch ein Wechsel!

PARTHENIA.

Ach! wüßtest du erst alles, Herkules!

HERKULES.

Was kann ich argers wissen?

PARTHENIA.

Freywillig gab die treue Gattinn sich
Für ihn dahin, Er lebt durch ihr Erblassen.

HERKULES.

Der feige Mann! Konnt er so niedrig seyn
Um diesen Preis sein Leben anzunehmen?

PARTHENIA.

Ach! Da sie sich an seiner statt den Parzen
Zum Opfer anbot, rang er mit dem Tode.
Er wußt es nicht.

HERKULES.

O Beyspiel ohne Gleiches!
Und du, Apollo, liessest es geschehn?

Du, der in diesem menschenfreundlichen
Wohlthät'gen Haus vor meines Vaters Zorn
Einst eine Freystatt fand? – Undankbarer!

PARTHENIA.

Er that was möglich war;
Doch gänzlich liessen sich die Parzen nicht erbitten.
Von beyden eines mußt' erblassen!
Dies war die Antwort, die der Gott uns sandte.
Kaum hörte sie den Götterspruch,
So war ihr Schluß gefaßt,
Und unbeweglich blieb die Heldinn unserm Flehn.

HERKULES.

Und soviel Tugend sollt ein Aschenkrug
Verschliessen? – Nein! So wahr ich Sohn
Des Donnergottes bin, es soll nicht seyn!
Princessinn, kann ich nicht Admeten sehn?

PARTHENIA.

Was wird dein Anblick ihm in diesem Jammer helfen?

HERKULES.

Ich muß ihn sehn.

PARTHENIA.

Ach! Ist er fähig dich zu sehen?
Er haßt den Tag, er haßt die Gegenwart
Der Menschen die er liebte, haßt
Sein eignes Daseyn, fleht den Tod
Um Mitleid an.

Er flucht dem Tageslicht
In seinem Schmerz;

Sein bloßer Anblick bricht
Ein fühlend Herz;
Ihm Trost zu geben, fänd'
Ein Gott zu schwer!

Er hört mit taubem Ohr
Der Freundschaft Stimme;
Starrt zum Olymp empor
In stummem Grimme;
Kennt sinnlos weder Furcht
Noch Hoffnung mehr!

Er flucht dem Tageslicht
In seinem Schmerz;
Sein bloßer Anblick bricht
Ein fühlend Herz;
Ihm Trost zu geben, fänd'
Ein Gott zu schwer!

O Herkules! Was bleibt der Freundschaft übrig
Für ihn zu thun? – Er ist –

HERKULES.

Er ist mein Freund!
Nie war er meiner Hülfe mehr benöthigt.
O laß mich –

PARTHENIA.

Wohl! versuch es, Göttersohn!
Vielleicht erweckt der Anblick eines Helden
Sein schon erstorbnes Herz. Ich geh
Ihm deine Ankunft anzusagen.

Sie geht ab.

HERKULES *allein.*

Es ist beschlossen!

Durch nie erhörte, durch den Erdensöhnen
Versagte Thaten soll, o Vater Zevs,
Dein Sohn den Weg sich zum Olympus öffnen!
Herab zum Orkus steig' ich, zwing ihn, mir Alcesten
Zurückzugeben, – oder unterliege
Der großen That!

Er geht in den Palast hinein.
Der Schanplatz' verwandelt sich in einen Saal des Palasts.
Admet in einem Lehnstuhl, mit dem Arme auf einen kleinen Tisch gestützt, auf welchem ein Aschenkrug steht. Herkules nähert sich ihm langsam und schweigend, mit dem Ausdruck der mitleidenden Freundschaft in seinen Blicken. Admet sieht ihn mit starren Augen an.

HERKULES.

Wie? kennst du deinen Freund nicht mehr?

ADMET.

O Ja, ich kenne dich! – Du bist – der Sohn
Von einem Gotte der mich elend macht.

HERKULES.

Admet, ich bin dein Freund, wiewohl du selbst
Kein Mann mehr bist. Ich kann nicht mit dir weinen,
Nicht jammern wie ein Weib, – doch helfen will ich dir.

ADMET.

Mir helfen?

HERKULES.

Ja, dir helfen oder im Versuch
Mein Leben lassen.

ADMET.

Dies kannst du; helfen kann kein Gott mir!

HERKULES.

Fasse,
Ermanne dich, Admet; noch ist nicht alles
Verlohren –

ADMET.

Nicht alles? Ist Alceste nicht verlohren?
Sieh her! Da, siehst du diesen Aschenkrug?
Bald wird er Alles, Alles was von ihr
Mir übrig ist, verschlingen!

HERKULES.

Hoffe besser, Freund!

ADMET.

Ich, hoffen? Rasest du?
Kannst du den Orkus zwingen, seine Beute
Zurückzugeben? – Hör' es, wenn du es
Noch nicht gehört! Todt ist sie, todt! erkaltet, athemlos,
Todt, sag ich dir! – Ich habe nichts zu hoffen!

HERKULES.

Dein Zustand jammert mich, Admet.
Ich fühle deinen Schmerz. Doch zur Verzweiflung sinkt
Die Tugend nicht herab! – Wie? war Admet
Nicht immer ein Verehrer
Der Götter? – Wo ist sein Vertraun
Auf ihre Macht!

ADMET.

Ach, Freund! Sie haben mich verworfen!
Sie hörten nicht mein Flehn!

HERKULES.

Der Ausgang soll mit ihnen dich versöhnen,
Kleinmüthiger! – Ich gehe – Herkules,
(Du kennest ihn) ist nicht gewohnt durch Worte
Zu reden. Lebe wohl! Bald sehen wir uns wieder!

ADMET.

Was willst, was kannst du thun?

HERKULES.

Freund, zweifle nicht!
Was Herkules verspricht
Das wird er halten!

Ruf deinen Muth zurück!
Die Götter walten!
Ihr Beyfall ist der Tugend Sold,
Sie sind den Frommen hold,
Und werden dein Geschick
Bald umgestalten!

Freund, zweifle nicht!
Was Herkules verspricht
Das wird er halten!

Ende des dritten Aufzugs.

Vierter Aufzug

Der Vorsaal.

PARTHENIA *allein.*

Mit bangem Herzen, selbst des Trosts
Bedürftig den ich gebe, geh ich, meine Thränen
Admetens Thränen zu vermischen.
Dank sey den Göttern! Diese Linderung
Ist doch nicht länger ihm versagt.
Nicht mehr versunken in betäubende
Verzweiflung, hat sich an der Hand
Der Freundschaft seine Seele wieder aufgerichtet.
Er fühlt sich wieder selbst, kann weinen, findet Trost
In mitgeweinten schwesterlichen Zähren.
Sogar ein Sonnenblick von Hoffnung kämpft
Aus seinem trüben Aug hervor, seitdem
Alkmenens Sohn, dem nichts unmöglich ist,
Ihn Hoffnung fassen hieß.
Allein zu bald verschlingt den ungewissen Stral
Des Grames düstre Wolke wieder.
Er sinkt zurück in seine vorige
Trostlose Kleinmuth. Ach! in diesem Zustand ists
Wo er der Freundschaft sanfte Hand am meisten
Vonnöthen hat. – O! ewig theurer Schatten
Wie kann ich besser meine Liebe dir beweisen,
Als wenn ich was Du liebst erhalten helfe?

O! der ist nicht vom Schicksal ganz verlassen,
Dem in der Noth ein Freund
Zum Trost erscheint:

Ein Freund, der willig ist
Die Thränen die er weint
In seinen Busen aufzufassen,
Der seiner Selbst vergißt
Und mit ihm weint.

O! der ist nicht vom Schicksal ganz verlassen,
Dem in der Noth ein Freund
Zum Trost erscheint!

Sie geht ab.
Der Schauplatz verwandelt sich in das Zimmer des Admet.

ADMET *allein.*

O Jugendzeit, o goldne Wonnetage
Der Liebe, schöner Frühling meines Lebens,
Wo bist du hin? – Ists möglich, bin ich der
Der einst so glücklich war? So glücklich einst,
Und itzt so elend! Ohne Grenzen elend,
Wenn nicht die Hoffnung bald, Alceste, dir
Zu folgen meine Quaal erträglich machte.
Wo bist du? – Irrst du schon, geliebter Schatten,
Um Lethe's Ufer? – Ah! Ich seh sie gehn!
In traur'ger Majestät geht sie allein
Am dämmernden Gestad; ihr weichen schüchtern
Die kleinern Seelen aus, sehn mit Erstaunen
Die Heldinn an. – Der schwarze Nachen stößt
Ans Ufer, nimmt sie ein – Der Schleyer weht
Um ihren Nacken – O! nach wem, Geliebte,
Unglückliche, nach wem siehst du so zärtlich
Dich um? – Ich folge dir, ich komme! –
Weh mir! Schon hat das Ufer gegenüber
Sie aufgenommen! Liebreich drängen sich
Die Schatten um sie her; sie bieten ihr
Aus Lethens Fluth gefüllte Schaalen an.
O! hüte dich, Geliebte! Koste nicht
Von ihrem Zaubertranke! Ziehe nicht mir ihm
Ein schreckliches Vergessen unsrer Liebe ein.

O flieh, geliebter Schatten, fliehe!
Ich unterläge dem Gewicht
Von diesem schrecklichsten der Schmerzen.
Noch lebt Admet in deinem Herzen:
Dieß ist sein Alles! O entziehe

Dieß einz'ge letzte Gut ihm nicht!

Parthenia. Admet.

PARTHENIA.

Admet, der Gram erschöpft dich; die ermüdete
Natur bedarf Erquickung, Nimm, mein König,
Aus einer schwesterlichen Hand
Nimm diese Schale! Schmerzenstillend
Ist ihre Kraft. Das Land der Isis sendet uns
Den Wundertrank –

ADMET.

Was soll er mir?

PARTHENIA.

Ein Trunk aus Lethe selbst befreyet nicht gewisser
Von jedem Kummer, jedem Leid das Herz.
Ein allgemein Vergessen –

ADMET.

Weg! Parthenia, weg mit deinem Gift!
Wie? Treulos sollt ich je
Der theuren Ursach meines Leids vergessen?
O niemals, niemals! – Mit Alcesten hat
Die Freud' auf ewig sich von mir geschieden.
Mein Gram ist meine Speise, mein Vergnügen,
Mein Labsal! – Jede andre Lust
Verschmäht Admet! – Ich will an Sie allein
Nur denken; wachend, träumend Sie, nur Sie
Vor meinen Augen sehn. Auf ihrem Grabe
Soll meine Wohnung seyn! Von meinen Thränen sollen
Die Myrten wachsen, die ihr Bild umschatten!

PARTHENIA.

Unglücklicher, was hilft es dir
Dein Daseyn trostlos wegzutrauren?

Laß ewig deine Schmerzen dauren,
Der Orkus giebt Sie nicht dafür!

ADMET.

O laß mir, laß mir meine Zähren,
Grausame, laß mir meinen Schmerz!

Wie könnt' ich diesen Trost entbehren?
Er labt, er nährt mein leidend Herz.

PARTHENIA.

Bedenk, um welchen Preis du lebest?

ADMET.

O, der Gedanke tödtet mich!

PARTHENIA.

Wenn du in Gram dich selbst begräbest
So starb Alcest umsonst für dich!

ADMET.

Vemühe dich nicht länger meinen Thränen
Den Lauf zu wehren. Laß mich weinen,
Parthenia! Dieß allein
Kann meine Seele vor Verzweiflung retten.

PARTHENIA.

Und hast du deines Freundes tröstendes
Versprechen schon vergessen? Hallen nicht

In deinen Ohren noch die letzten Worte
Des Göttersohns?

ADMET.

Er hieß mich hoffen? – Hoffen soll Admet!
O sprich, Parthenia, sprich, was soll ich hoffen?
Was kann ich hoffen?

PARTHENIA.

Alles! Alles was den Göttern nicht
Unmöglich ist!

ADMET.

O Schwester, hat Apollo selbst,
Apollo, der mich liebt, mir helfen können?
Ist Herkules allmächtiger als er?
Ach! zu gewiß ist was ich hoffen könnte
Den Göttern selbst nicht möglich! – Laß uns nicht
In wesenlose Träum uns thöricht wiegen!
Der Unglücksel'ge, der im finstern Kerker
Von goldner Freyheit träumt, fühlt im Erwachen
Der Ketten Zahn nur desto grausamer
In seinem Fleische wühlen. – Ach! Parthenia,
Anstatt zu eiteln Hoffnungen
Mich aufzumuntern, wecke mein von Gram
Erstorbnes Herz zu seinen Pflichten auf!
Zu lange säumten wir
Dem theuren Schatten durch ein Todesopfer
Die Höllengötter günstiger zu machen.
Schon nähert sich die feyerliche Stunde
Der Mitternacht. Parthenia, komm,
Hilf mir das Opfer anzuordnen!

Ende des vierten Aufzugs.

Fünfter Aufzug

Der Schauplatz stellt einen kleinen Tempel im Palaste des Admets vor. Ein Todtenopfer.
Admet. Parthenia. Ein Chor von Hausgenossen des Admet.

ADMET.

Ihr heil'gen unnennbaren Mächte
In deren grauenvolle Nächte
Kein sterblich Auge dringen kann!

PARTHENIA.

Du, Hekate! und Ihr,
Gewogne Eumeniden!
Euch flehen wir,
O seht zufrieden
Seht gnädig unser Opfer an!

CHOR.

Euch flehen wir, o seht zufrieden,
Seht gnädig unser Opfer an!

ADMET.

Zürnet nicht der frommen Zähre
Die auf ihre Urne fällt!
Ach! was ich mit Ihr entbehre,
Ersetzt mir nicht der Götter Sphäre,
Ersetzt mir nicht die ganze Welt!

PARTHENIA.

Ihr selbst im Olympus gefürchtete Mächte,
Die in dem Heiligthum geheimnißvoller Nächte
Hyperions Fackel nie erhellt.

ADMET. PARTHENIA.

O! daß dieß Opfer euch versöhne!
O zürnet nicht der frommen Thräne
Die auf Alcestens Urne fällt!

ALLE.

O! daß dieß Opfer euch versöhne!
Verzeiht, verzeiht der frommen Thräne
Die auf Alcestens Urne fällt!

ADMET.

Und du, wenn noch im Reich der Wonne, in den Kreisen
Der schönen Seelen, wenn im stillen Schoos
Des ewgen Friedens, ein Gedanke noch
An deine Hinterlaßnen dich erinnert:
Wenn unsre Thränen, unsre Sehnsucht, unser nie
Ermüdendes Gespräch von deiner Tugend,
Von deines Umgangs Reiz und unserm Glück in dir,
Dich noch erreichen kann, –
Geliebter Schatten,
So hör uns! – Fühle, fühle wie wir unausssprechlich
Dich noch im Grabe lieben,
Und möchte dieß Gefühl
Selbst in Elysium deine Wonne mehren!

Herkules. Die Vorigen.
Der Chor entfernt sich.

PARTHENIA.

Wie? Seh ich, oder blendet mich der Schein
Der Opferflamme? Herkules schon wieder
Zurück? – Admet, sieh deinen Frennd!
Und Freude blitzt aus seinen Augen!

ADMET.

– Freude?
Er sprach von Hülfe, da er gieng –

HERKULES.

Und kömmt zu halten was er dir versprach.

ADMET.

O Herkules, ich hielt dich
Für meinen Freund; –
Ists möglich, kannst du meiner Schmerzen
spotten?

HERKULES.

Dein Unglück macht dich ungerecht, Admet.
Ich tadle nicht daß du in seinem ganzen Umfang
Es fühlst. Du traurst mit Recht. Alceste
Ist deiner Thränen werth. Sie ist die Zierde ihres
Geschlechts, verdient es daß ihr Bild in Marmer
Den Enkeln heilig sey; verdient, so oft der Tag,
An dem sie sich für ihren Gatten hingab,
Zurückkömmt, daß Thessaliens fromme Töchter
Der Heldinn Grab mit Blumenkränzen schmücken.
Man soll den Frauen sie zum Beyspiel nennen!
Sey wie Alceste soll der Segen seyn
Der künftig jede Braut zur Gattinn weyhe!
Wir sind ihrs schuldig! Mehr, Admet,
Verlangt ihr Schatten nicht.

ADMET.

Du sprichst wie einer der das Glück
Nie kannte, das die Götter mir
Zu Neidern machte. Du verlohrest keine
Alceste –

HERKULES.

>Diesseits des Olymps, Admet,
>Ist kein Verlust, den uns die Götter nicht
>Ersetzen könnten.

ADMET.

>O Herkules, ermüde die Geduld
>Von deinem Freunde nicht! – Du hast sie nie gekannt,
>Wenn dir Alcestens
>Verlust ersetzlich scheint.

HERKULES.

>Nicht ohne Grund spricht Herkules
>So zuversichtlich. Höre mehr, Admet!
>Was dir unmöglich scheint, ist schon gefunden.
>Ich bringe den Ersatz. Die liebenswürdigste
>Der Töchter Gräciens begleitet meine Schritte.

ADMET.

>Dieß nennst du dein Versprechen halten?

HERKULES.

>Was hälf es dir, den schmerzversüßenden
>Einladungen der Liebe deinen Busen
>Hartnäckig zu verschließen?
>Den einz'gen Trost, den dir in deinem Gram
>Das Schicksal anbeut, wilt du von dir stoßen?
>Schau um dich her, Admet?
>Ist auch im ganzen Weltbau nur ein Rad
>Aus seinem Gleis getreten? Alles ist
>So wie es war, da du dich glücklich hieltest.
>Die Quellen jeder Freude strömen fort,
>Und werden ewig strömen!
>Verschmachtest du, so ist es deine Schuld.

PARTHENIA.

    Erkläre mir dein Räthsel, Herkules.
    Du sprichst von einer Schönen die dir folge?
    Wie nennst du Sie? Von wannen kömmt Sie uns?
    Was kann Sie wollen?

HERKULES.

    Euer Leid ergötzen,
    Parthenia; diese traurigen Cypressen
    In Rosen wandeln; diesen Tempel wieder
    Den Liebesgöttern weyhen. – Starre mich
    Nicht so aus Augen an, Admet, worinn Verachtung
    Und Zorn sich mit Erstaunen mischen!

ADMET.

    Unfreundlicher, auf deines Vaters Nahmen
    Zu stolzer Freund! Hör auf! Ich will nicht länger
    Alcestens Ruhm
    Und meine Liebe lästern hören!
    Mich prüfen willst du? – Spare deine Mühe!
    Mein Herz verschmäht sie! –

HERKULES.

    Du mißkennest meine Absicht.
    Ich will dein Glück, und du
    Du stössests von dir. Hast du denn die Schöne
    Gesehn, die mich begleitet? – Sieh sie erst!
    Mich müßte alles trügen, wenn du mir
    Für das Geschenk nicht dankest, das du itzt verschmähst.

ADMET.

    Nicht meine Treue – die ist ewig, ewig
    Alcesten heilig! – Unsre Freundschaft setzest du
    Auf eine Probe der sie unterliegt.
    Ich geh – und du – hast einen Freund verlohren!

Ihr sollt' ich untreu werden können?
Dir ungetreu, Alceste? Dir?
Von fremder Flamme sollt ich brennen?
O! Wenn ich dessen fähig werde,
So öffne sich vor mir die Erde!
Der Eumeniden Fackel blitze
Mir ins Gesicht, und aus dem Sitze
Der Wonne fluch Alceste mir!

Er geht ab.
Parthenia. Herkules.

PARTHENIA.

Alcmenens Sohn, bey den Göttinnen!
Du gehst zu weit –
Was konnte dich bewegen, deinen Freund
So grausam, vor der Urne einer
Geliebten Gattinn, an dem Tage selbst
Der sie geraubt,
In ihres Schattens heil'ger Gegenwart,
Durch einen Antrag, der sein Herz
Zerreissen muß, zu kränken?

HERKULES.

Zu kränken? Ferne sey es! glücklich, glücklich
Will ich ihn machen, ihn und dich, Parthenia.
Der nächste Augenblick soll für mich reden.

PARTHENIA *allein*.

Was kann er meynen? – Sollt es möglich seyn?
Welch ein Gedanke! – Aber nein, es ist unmöglich!
Von da, wo sie in diamantnen Mauern
Die Ewigkeit gefangen hält,
Ist keine Wiederkunft!

Herkules. Alceste. Parthenia.

PARTHENIA.

    Allmächt'ge Götter!
    Was seh ich? – Ja, sie ists! Sie ists! –
    O theurer Schatten –

Sie geht mit ausgebreiteten Armen auf Alcesten zu, aber zittert wieder zurück, da sie ihr nahe kömmt.

HERKULES.

    Fürchte nichts!
    Es ist kein Schatten der aus deinen Armen
    In Luft zerfließt. Sie lebt. Es ist
    Alceste selbst, die ich vom Ufer
    Des Styx zurückgebracht.

ALCESTE.

    O Schwester! Schließ ich dich in meine Arme
    wieder?
    Aus welchem Traum erwach' ich!

PARTHENIA.

    – O Entzücken!
    O Wunder! – Darf ich meinen Sinnen glauben,
    Du Göttersohn? – Ich seh sie, halte sie
    In meinem Arm, Ihr Busen schlägt an meinem Busen,
    Und doch besorg' ich daß es Täuschung sey.

HERKULES.

    Besorge nichts! Die Götter schenken sie
    Dir wieder.

ALCESTE.

    Ließ in meinen Augen,
    Wie glücklich mich dein Wiedersehen macht.
    Gewiß sie sagen dir daß ich Alceste bin!

PARTHENIA.

    Ja, Schwester, ja, du bists! – O welche Wonne!
    Laß mich eilen – Dein Admet
    Kann nicht zu schnell erfahren
    Wie viel er seinem Freund zu danken hat.

HERKULES.

    Ruf ihn zurück, Princessin, sag, es schmerze mich
    Sein Herz gekränkt zu haben; doch entdecke ihm
    Nicht alles. Laß Alcesten
    Und mir die Freude, ihn mit seinem Glücke
    Da ers am mindsten hoft zu überraschen.

PARTHENIA.

    Wenn nur Gesicht und Ton mich nicht verräth,
    Dem Mund soll nichts entschlüpfen!

Sie geht ab.
Herkules. Alceste.

HERKULES.

    Hülle, Königin,
    In deinen Schleyer dich, und tritt
    Zurücke. Sein Entzücken, in der schönen Fremden
    Die seinen Zorn mir zuzog, dich zu finden,
    Sey die Belohnung dessen was ich heute
    Für euch gewagt! –

ALCESTE.

    O Göttersohn! Noch immer scheint mir Alles
    Was mir begegnet ist ein Traum,

Ein wunderbarer Traum!
Ich frage mich erstaunt, ob ich es bin?
Die Erde, die ich wieder
Betrete, diese Wohnung die ich kaum auf ewig
Verlassen, dieser Tempel – Alles ist
Mir fremd. Elysium schwebt
Mit allen seinen unnennbaren Freuden
Vor meinen Augen noch.
Wie selig war ich! – Ach! mit meinem Glücke
Verlohr ich auch die Macht es auszusprechen.
Dieß weiß ich nur, dieß fühl' ich – o! im Grunde
Der Seele fühl' ich es – es war kein Traum.
Noch athmet mir aus ewig blühenden Gefilden
Der Geist der Unvergänglichkeit entgegen.
Noch saugt mein Ohr
Die Wollust eurer Lieder, o ihr Söhne
Des Musengottes! –

HERKULES.

Still! – ich hör' Admetens Tritte –
Entferne dich!

Alceste zieht sich in den Grund des Schauplatzes zurück.
Die Vorigen. Parthenia. Admet der ihr in einiger
Entfernung mit düstern niedergeschlagenen Blicken folgt.

HERKULES.

Admet, vergieb mir! Zürne nicht
Auf deinen Freund! Er fehlte bloß
Aus gutem Willen. Der Gedanke, wieder glücklich dich
Zu machen, riß mich hin. Vergieb mir, Freund!

ADMET.

Vergieb dir Selbst! Unzärtlich, Herkules,
War dein Betragen –

HERKULES.

Hebe deine Augen,
Und sieh, was mich entschuldigt!

ADMET.

O! Ihr Mächte des Olymps!
Was seh ich! – Nein, ich sehe nichts! – Mich täuscht
Ein Gott, der meiner spottet. Liebe, Sehnsucht, höhnen
Mein gernbetrognes Herz. Es ist ein Blendwerk!

Alceste nähert sich ihm mit offnen Armen.

– Wie! Es nähert sich? – Bist du's,
Geliebter Schatten, der zum Troste mir erscheint?

ALCESTE.

O mein Admet!

Sie eilt auf ihn zu und umarmt ihn.

ADMET.

O Götter, laßt ihn ewig, ewig dauren
Den süßen Wahn! –

Er umarmt sie von neuem.

Ists möglich, gute Götter! O ists möglich!
Umfaß' ich dich, Alceste, keinen Schatten?

ALCESTE.

Ich bin es selbst, Admet,
Die den Ersatz für ein verlohrenes
Elysium in deinen Armen findet.

ADMET.

O! einmal noch und abermal, Geliebte,
Umarme mich! – Ich kann nicht oft genng
Mich überzeugen, daß ich glücklich bin.
Dich selbst, dich selbst, Alceste, neubelebt
Umfaß ich! – Götter, welch Entzücken!

ALCESTE.

Den allvermögenden Belohnern
Der Tugend, mein Admet, – und deinem Freunde
Dank es mit mir! – Er wagte sich für uns,
Stieg unerschrocken in den furchtbarn Abgrund
Der ew'gen Nacht hinab, erbat, erkämpfte
Von Proserpinen mich.

ADMET.

O Sohn des Donnergottes! welch ein Dank
Kann meiner unbegrenzten Schuld
Mich gegen dich entbinden? – Sage,
Den Göttern gleicher Freund, wie konntest du
Lebendig in den unzugangbarn Sitz
Der Schatten dringen? – O erkläre mir
Ein Wunder, das mir noch in diesem Augenblick,
Da ichs mit Augen seh, mit Händen fühle,
Unglaublich ist.

HERKULES

Begehr es nicht zu wissen!
Ein heil'ger Schleyer, den die Götter selbst
Nicht wegzuziehen wagen, liegt
Auf den Geheimnissen des Geisterreichs.
Der Eumeniden Hand schließt meinen Mund!
Genug für dich, daß dir Alceste wieder
Gegeben ist. Geneuß der wundervollen Wohlthat
Der Götter, Freund, und feßle deinen Vorwitz.

ADMET.

Allgüt'ge Mächte, seht mit Wohlgefallen
Die Freudenthränen au, die meinem Aug' entströmen!
Was hat ein Sterblicher, um euch zu danken,
Als Frendenthränen? Als sein Unvermögen
Die Größe seines Dankes auszudrücken?

ALCESTE.

Wie glücklich sind wir! Wie empfind ich es
Für dich und mich! – Es ist kein Blendwerk, mein Admet!
Ich leb', ich lebe wieder
Für dich, und fühl' erst itzt
Den ganzen Werth des Glücks für dich zu leben!

Schon wandelt' ich
Im Chor der schönen Seelen,
Schon grüßte mich
Aus tausend Wunderkehlen
Elysiums schönster Hayn:

Ich fühlte Götterfrieden
Tief in der Brust:
Doch, konnte meine Lust
Vollkommen seyn?
Geliebter, war ich nicht
Von dir geschieden?

Itzt findt Alceste sich in deinen Armen wieder.
Elysium war ein Traumgesicht!
O nun erst lebt sie wieder!
Ist wieder dein!
Vermißt nicht mehr der Amphionen Lieder,
Nicht ihren schönsten Hayn!

ADMET.

Du hast Elysiums Glück empfunden!
Sprich, ist es unsrer Wonne gleich?

ALCESTE.

Ich hab Elysiums Glück empfunden!
Allein dem Augenblick, wo ich dich wiedergefunden,
Ist keine andre Wonne gleich.

ADMET *zu Herkules.*

O! Freund! wie kann ich dir vergelten?
Was ist ein Königreich?
Sind ganze Welten
Dem Werthe deiner Wohlthat gleich?

HERKULES.

Ich bin belohnt an euern Freuden
Mein mitempfindend Herz zu weiden,
Ich bin der glücklichste von euch!

PARTHENIA.

Ihr Götter! die uns zu beglücken
Dieß Wunderwerk gethan,
Nehmt unser dankendes Entzücken
Zum Opfer an!

ADMET. ALCESTE.
Ihr Götter, die uns zu beglücken
Dieß Wunderwerk gethan:

ALLE.

Nehmt unser dankendes Entzücken
Zum Opfer an!